RÈGLEMENT GÉNÉRAL

POUR

LES PRISONS DÉPARTEMENTALES.

CHAPITRE Ier.

EMPLOYÉS.

ARTICLE PREMIER.

Le personnel des maisons d'arrêt, des maisons de justice et des maisons départementales de correction se compose, suivant l'importance des établissements, d'un directeur, d'un commis-greffier, d'un gardien-chef, d'un ou de plusieurs gardiens, de sœurs religieuses ou surveillantes, d'un médecin, d'un aumônier, d'un instituteur, et de tous autres employés ou agents que l'autorité administrative juge utile de préposer au service des prisons.

ART. 2.

Le nombre des employés, gardiens et autres agents, et le traitement attribué à chaque emploi, sont réglés par le ministre; pour chaque prison, sur la proposition du préfet.

A la fin de chaque période de cinq années, les gardiens qui pendant ce temps auront fait, dans la même prison, un service exact et sans

Règlement général.

1

avoir encouru de punition grave, auront droit à une augmentation de traitement de vingt-cinq francs.

Cette augmentation pourra être retirée aux gardiens qui, après l'avoir obtenue, se rendront coupables d'insubordination ou de toute autre faute grave.

ART. 3.

Les dénominations de geôlier, guichetier et autres cesseront d'être employées.

ART. 4.

Le directeur est nommé par le ministre.
Son traitement ne peut être au-dessous de *deux mille* francs.

ART. 5.

Les autres employés du service administratif et les gardiens sont nommés et révoqués par le préfet. Néanmoins, tout arrêté de révocation n'est définitif que par l'approbation du ministre.

ART. 6.

Toute admission à la retraite d'un employé ou gardien doit être préalablement autorisée par le ministre, sur un rapport motivé du préfet.

§ 1er. — *Du directeur et du commis-greffier.*

———

ART. 7.

Le directeur donne son avis dans tous les cas où la commission de surveillance est appelée, par le présent règlement, à donner le sien.

ART. 8.

L'action du directeur s'étend à toutes les parties du service. Tous les employés lui sont subordonnés et doivent lui obéir.

ART. 9.

Le directeur est chargé :

1° De l'exécution des règlements généraux et particuliers et de la police de la prison ;

2° De veiller à l'exécution des marchés pour les diverses fournitures;

3° De désigner les détenus qui peuvent être employés au service de la prison et de l'entreprise ;

4° D'ordonner le classement des prisonniers, conformément aux lois et règlements;

5° De l'examen de la correspondance des détenus, à l'arrivée et au départ.

ART. 10.

Le directeur est spécialement chargé de tout ce qui concerne les travaux industriels des prisonniers, du classement des ouvriers dans les ateliers, de l'exécution et de l'application des tarifs de main-d'œuvre arrêtés par le préfet. Il assiste à toutes les réceptions d'ouvrages, reçoit les réclamations relatives aux travaux industriels, et statue, sauf l'approbation du préfet et du sous-préfet, sur les réductions du prix de main-d'œuvre demandées pour malfaçons, soustraction ou dégradation de matières premières, métiers, outils ou ouvrages confectionnés.

ART. 11.

Le directeur tient un registre de tous les effets d'habillement et de literie à l'usage des détenus, et un état de tous les meubles et autres objets appartenant à l'administration.

Il tient un registre, par compte ouvert, de l'argent de dépôt et des bijoux de chaque détenu.

Il tient également la comptabilité des ateliers et un registre par compte ouvert à chaque ouvrier.

Il peut être chargé, par arrêté du préfet, de la tenue des caisses.

ART. 12.

Dans les maisons où il sera nécessaire de nommer un commis-greffier, le préfet déterminera les écritures dont cet employé sera spécialement chargé.

§ 2. — *Du gardien-chef.*

ART. 13.

Nul ne pourra être appelé aux fonctions de gardien-chef:

1° S'il ne sait lire, écrire et compter;

2° S'il n'est âgé au moins de trente ans, et s'il en a plus de quarante, à moins d'autorisation spéciale accordée par arrêté du ministre.

Le minimum de son traitement est de *six cents* francs.

Le gardien-chef est toujours logé dans la prison.

ART. 14.

Le gardien-chef tient les registres d'écrou prescrits par le Code d'instruction criminelle, savoir:

Un registre pour la maison d'arrêt;

Un pour la maison de justice;

Un pour la maison de correction.

Tous ces registres sont tenus séparément et conformément aux instructions ministérielles des 26 août 1831 et 4 janvier 1832.

Les gardiens-chefs tiennent en outre, suivant la prison dont la garde leur est commise des registres d'écrou séparés, savoir:

Pour les détenus pour dettes envers les particuliers;

Pour les passagers civils;

Pour les passagers militaires;

Pour les condammnés en matière de simple police.

ART. 15.

Indépendamment de la garde des prisonniers et du maintien du bon ordre et de la décence dont il est plus particulièrement chargé, le gardien-chef veille à ce que le service de propreté se fasse exactement dans toutes les parties de la maison.

— 5 —

ART. 16.

Il veille à ce que les effets des prisonniers qui sont mis en magasin soient préalablement lavés, nettoyés, raccommodés, mis en paquets et étiquetés.

ART. 17.

Dans les prisons où il n'y a pas de directeur, le gardien-chef prend communication des lettres écrites ou reçues par les détenus, à l'exception de celles qu'ils ont à adresser à l'autorité administrative ou à l'autorité judiciaire, aux avocats et avoués chargés de leur défense.

ART. 18.

Les enfants du gardien-chef ne doivent jamais entrer dans les cours, préaux, ateliers, infirmeries, dortoirs et autres lieux occupés par les détenus.

Il en est de même de sa femme, hors le cas prévu par l'article 27 du présent règlement.

ART. 19.

Dans aucun cas et sous aucun prétexte, le gardien-chef ne peut recevoir les détenus dans son logement.

ART. 20.

Le gardien-chef est tenu, à quelque heure de la nuit ou du jour que ce soit, de remettre, sans le moindre retard, au fondé de pouvoirs de l'entrepreneur du transport cellulaire, les condamnés désignés pour partir les premiers, ainsi que les extraits des jugements et arrêts de condamnation qui les concernent.

ART. 21.

Il est interdit au gardien-chef de remettre à l'entreprise du service des voitures cellulaires aucun condamné malade ou en état d'ivresse. Il ne pourra non plus lui remettre aucune femme allaitant son enfant, ou se trouvant dans un état de grossesse apparente, à moins que, dans ce dernier cas, le médecin de la prison n'ait certifié que le transfèrement peut avoir lieu sans danger pour la santé de la femme enceinte.

ART. 22.

Le gardien-chef remet aux chefs d'escorte ou aux fondés de pouvoirs de l'entrepreneur du transport cellulaire un état des vêtements appartenant à chaque prisonnier transféré.

ART. 23.

En cas de décès d'un détenu, le gardien-chef en fait mention en marge de l'acte d'écrou, conformément à l'article 84 du Code civil. Il en donne avis au maire qui, de son côté, fait constater les effets, papiers, argent, etc.. laissés par le défunt.

Il informe, en outre, l'autorité judiciaire du décès de tout prévenu ou accusé.

ART. 24.

Dans les prisons où il n'y a pas de directeur, le gardien-chef est respon sable des meubles et effets mentionnés dans l'article 11.

Il peut être chargé, par arrêté du préfet, de la comptabilité des ateliers et de celle de la caisse des dépôts.

§ 3. — *Gardiens ordinaires et portiers.*

ART. 25.

Les gardiens ordinaires et portiers ne peuvent être nommés avant vingt-cinq ans et après quarante, à moins d'autorisation spéciale du ministre; ils devront savoir lire et écrire.

Leur traitement ne peut être au-dessous de *quatre cents* francs.

ART. 26.

Les gardiens sont placés immédiatement sous les ordres du gardien-chef et doivent se conformer exactement à tout qu'il leur prescrit.

Ils sont responsables des dégradations aux bâtiments et autres dégâts de toute sorte commis par les détenus, lorsqu'ils ont eu connaissance de ces faits et qu'ils ne les ont pas signalés sur-le-champ au gardien-chef.

§ 4. — *Surveillantes.*

ART. 27.

Les quartiers habités par les femmes ne peuvent être surveillés que par des personnes de leur sexe, lesquelles y sont chargées des fonctions que les gardiens remplissent dans les quartiers des hommes.

Dans les prisons où, en raison du petit nombre habituel des femmes détenues, il ne serait pas nécessaire d'établir des surveillantes spéciales, la femme ou toute autre parente du gardien-chef, dûment autorisée à cet effet par le préfet, pourra être chargée d'exercer la surveillance dans le quartier des femmes.

Le traitement des surveillantes ne peut être au-dessous de *deux cent cinquante* francs.

ART. 28.

Les surveillantes reçoivent, comme les gardiens, les ordres du gardien-chef qui, seul de tous les préposés du service de sûreté, pourra entrer dans le quartier des femmes, à moins de circonstances extraordinaires dont il sera rendu compte au maire.

ART. 29.

Dans les prisons où il n'y a pas de sœurs religieuses, les surveillantes sont chargées, en totalité ou en partie, des fonctions attribuées aux sœurs.

ART. 3o.

butions des sœurs religieuses sont déterminées par un arrêté du préfet, approuvé par le ministre.

§ 5. — *Du commissionnaire et du barbier.*

ART. 31.

Dans les prisons où il n'y a pas de fournisseur chargé de procurer aux détenus les aliments supplémentaires ou autres articles accessoires autorisés par le présent règlement, les commissions des détenus sont faites par un commissionnaire désigné par le préfet.

Tous les jours, à l'heure fixée par le règlement particulier de la prison, le commissionnaire reçoit du gardien-chef la note des commissions à faire.

Au retour du commissionnaire, le gardien-chef remet ou fait remettre aux détenus, par les gardiens sous ses ordres, les objets qu'il aura reconnus conformes à l'autorisation accordée.

ART. 32.

Il est défendu au commissionnaire d'entrer dans l'intérieur de la prison et de communiquer directement avec les détenus.

Il lui est également défendu, sous peine de destitution, de faire aucun bénéfice sur le prix de vente des objets qu'il aura achetés pour les détenus.

ART. 33.

Un ou plusieurs barbiers, salariés par l'administration, sont attachés à chaque prison, où ils se rendent aux jours et heures fixés par le règlement.

§ 6. — *Dispositions communes aux paragraphes précédents.*

ART. 34.

Le directeur, le gardien-chef et les gardiens auront un uniforme, qu'ils seront tenus de porter constamment dans l'exercice de leurs fonctions.

Il y aura, dans l'uniforme, une marque distinctive :

1° Pour les gardiens des chefs-lieux de département, et pour les gardiens des chefs-lieux d'arrondissement qui seront le siège d'une maison de justice ou d'une maison centrale de correction pour le département ;

2° Pour les gardiens des chefs-lieux d'arrondissement.

Les dispositions ci-dessus sont applicables aux surveillantes.

L'uniforme déterminé par le ministre sera le même dans tout le royaume.

ART. 35.

Le gardien-chef et les gardiens étant exclusivement préposés à la surveillance et au service intérieur de la prison, ils n'en peuvent jamais être détournés, sous aucun prétexte et à aucun titre, pour quelque service extérieur que ce soit.

Ils ne pourront non plus exercer aucune autre fonction.

ART. 36.

Lorsqu'il n'y a pas de directeur, les absences momentanées du gardien-chef et des gardiens sont autorisées par le maire. Les congés sont accordés par le préfet.

Les gardiens ne peuvent sortir de la prison sans la permission du gardien-chef, et celui-ci ne peut découcher sans y être autorisé par le maire ou par le directeur.

ART. 37.

Si la prison a un directeur, les punitions sont prononcées par lui, sur le rapport du gardien-chef et après avoir entendu le détenu.

Lorsqu'il n'y a pas de directeur, le gardien-chef qui inflige une punition à un détenu doit en référer au maire dans les vingt-quatre heures au plus tard.

ART. 38.

Le gardien-chef tient un registre des punitions. Les motifs de chacune y sont énoncés et visés par le maire, en regard du nom du détenu puni.

ART. 39.

Hors les cas de permissions délivrées par le préfet ou par le sous-préfet, et dont le maire sera toujours informé, aucune personne étrangère à l'administration de la prison ou à la surveillance légale des détenus ne pourra visiter la prison ou les prisonniers sans une permission écrite du maire.

Cette permission sera un ordre obligatoire pour le gardien, à moins que le détenu désigné dans le permis ne soit en punition, et sans préjudice des ordres qui auraient pu être donnés par le juge d'instruction ou par le président des assises, en vertu de l'article 613 du Code d'instruction criminelle.

ART. 40.

Aucun objet, de quelque nature qu'il soit, ne peut être introduit dans la prison ou en sortir qu'après avoir été visité par le gardien.

Le gardien prend la même précaution pour tout ce que les détenus reçoivent du dehors.

ART. 41.

Il est expressément défendu à tout employé, gardien ou préposé :

D'occuper des détenus pour son service particulier ;

De recevoir aucun présent d'eux ou de leurs parents ;

De leur vendre quoi que ce soit, ni faire pour eux aucune commission ;

De faciliter leur correspondance ou l'introduction de vivres, boissons ou tous autres objets prohibés ;

D'influencer directement ou indirectement les prévenus et les accusés sur le choix de leurs défenseurs ;

De boire ou de manger avec les détenus ou avec leurs parents, sans en excepter les détenus pour dettes, qui ne pourront prendre leur repas ni avec le gardien, ni dans son logement ;

De retarder, par faveur, le départ de condamnés désignés par l'autorité administrative pour être transférés les premiers aux bagnes ou aux maisons centrales de détention ;

Enfin, de tutoyer les prisonniers et d'avoir avec eux aucune sorte de conversation familière.

ART. 42.

Tout gardien qui contreviendra aux prohibitions de l'article précédent, ou à celles du règlement particulier de chaque prison, sera puni de la mise aux arrêts ou de la suspension de ses fonctions, avec ou sans privation de traitement, ou bien encore de la révocation, selon la gravité des circonstances, ou en cas de récidive.

ART. 43.

Tout gardien qui se sera mis en état d'ivresse sera destitué ;

§ 7. — *Médecins et pharmaciens.*

ART. 44.

Le service de santé est fait par un médecin nommé par le préfet. Ce médecin ne peut faire partie de la commission de surveillance de la prison.

En cas d'absence ou d'empêchement, il sera remplacé par le médecin qui aura été désigné par le préfet ou par le sous-préfet.

ART. 45.

Le médecin est tenu de faire, chaque jour, une visite dans la prison.

ART. 46.

Les prescriptions du médecin sont toujours faites par écrit.

Elles sont remises par les soins du directeur ou du gardien-chef, après avoir été revêtues de son *visa*, au pharmacien chargé de la fourniture des médicaments, lequel doit toujours et nécessairement les reproduire à l'appui de ses mémoires.

ART. 47.

Le médecin visite la prison, les ateliers, les dortoirs, les lieux de punition, etc. etc., au moins tous les quinze jours.

3.

Il propose des fumigations et autres moyens de salubrité toutes les fois qu'il le juge nécessaire.

Il est tenu de consiger ses observations sur un registre *ad hoc*.

ART. 48.

A l'expiration de chaque année, le médecin fait un rapport sur les maladies qui ont régné dans la prison et sur leurs causes. Le rapport est adressé au sous-préfet qui le transmet au préfet.

§ 8. — *Aumônier et instituteur.*

ART. 49.

Un aumônier, nommé par le préfet, sur la proposition de l'évêque, est attaché à chaque prison.

ART. 50.

L'aumônier célébrera la messe les dimanches et fêtes dans l'établissement. Les heures des offices, des instructions et autres services religieux seront fixées par le règlement particulier.

Il fera aux détenus une instruction religieuse, une fois par semaine au moins, et le catéchisme aux jeunes détenus qui n'auront pas fait leur première communion.

ART. 51.

L'aumônier peut choisir parmi les détenus, et d'accord avec le chef de la prison, les servants de la chapelle.

ART. 52.

L'aumônier visite les infirmeries et se rend auprès des malades qui le font demander.

Ses visites périodiques dans la prison ont lieu au moins deux fois par semaine.

ART. 53.

L'aumônier est informé de chaque décès.

ART. 54.

Les dispositions ci-dessus sont communes aux ministres des autres cultes.

ART. 55.

Un instituteur, réunissant les conditions d'aptitude et de capacité voulues par la loi du 28 juin 1834, pourra être nommé, par le préfet, dans les prisons dont la population le comportera.

CHAPITRE II.

RÉGIME ÉCONOMIQUE.

§ 1. — Nourriture des valides.

ART. 56.

La nourriture accordée par l'État aux prisonniers, dans les maisons d'arrêt, de justice et de correction, se compose, savoir :

1° Pour les hommes d'une ration de pain du poids de 75 décagrammes, et pour les femmes d'une ration de 70 décagrammes.

Le pain sera de pur froment avec extraction de 10 kilogrammes de son sur 100 kilogrammes de grain mis sous la meule.

Il ne sera distribué qu'après vingt-quatre heures de cuisson.

2° D'un litre de bouillon au beurre ou à la graisse, avec des légumes verts ou secs, suivant la saison, le sel et le poivre nécessaires à l'assaisonnement.

La quantité de beurre ou de graisse, et celle des légumes, pour chaque litre de bouillon, sera déterminée par le règlement particulier de la prison.

La soupe sera partagée en deux rations : l'une sera donnée le matin, l'autre le soir.

Les femmes enceintes et les nourrices pourront, sur l'avis du médecin, recevoir une ration supplémentaire.

ART. 57.

Le jeudi ou le dimanche de chaque semaine, il sera servi aux prisonniers une soupe grasse, dans la composition de laquelle on aura fait entrer, pour chaque prisonnier, 200 grammes de viande de bonne qualité, les légumes, le sel et le poivre nécessaires. La viande provenant de cette soupe sera partagée par portions égales entre tous les détenus.

Il entrera dans chaque ration de soupe grasse ou maigre 90 grammes de pain blanc bien rassis.

ART. 58.

Les prévenus et les accusés, peuvent dans les limites fixées par le règlement de la prison, faire venir du dehors, et à leurs frais, les vivres dont ils auront besoin.

S'ils pourvoient eux-mêmes à leur nourriture, ils cessent d'avoir droit aux vivres de la maison.

ART. 59.

L'usage de l'eau-de-vie et des liqueurs spiritueuses est interdit aux prévenus et aux accusés. Quant au vin et autres boissons fermentées, le règlement particulier de chaque prison déterminera dans quel cas et en quelle quantité ils pourront en faire usage.

ART. 60.

Les détenus pour dettes envers les particuliers peuvent, dans les limites fixées par le règlement de la prison, recevoir leur nourriture du dehors et en traiter de gré à gré.

Ils peuvent aussi prendre les vivres de la prison, au prix du marché dans le cas d'entreprise, ou au prix fixé par le préfet, dans le cas de régie.

ART. 61.

Toute vente connue sous le nom de *cantine* est prohibée.

ART. 62.

Les condamnés peuvent être autorisés individuellement, par le préfet ou par le sous-préfet, sur l'avis de la commission de surveillance, à recevoir de leurs familles ou à faire venir du dehors les aliments dont l'usage aura été autorisé par le règlement de la prison.

ART. 63.

L'usage de l'eau-de-vie, du vin, du cidre, de la bière et de toute autre boisson spiritueuse ou fermentée est expressément interdit aux condamnés. Il en est de même du tabac.

§ 2. — *Vêtement.*

ART. 64.

Les prévenus et les accusés conserveront leurs vêtements personnels, à moins qu'il n'en soit autrement ordonné par l'autorité administrative dans un intérêt de police et de propreté, ou par l'autorité judiciaire, dans l'intérêt de l'instruction.

Ils pourront également faire venir du dehors, et à leurs frais, les vêtements dont ils auront besoin.

ART. 65.

Les condamnés correctionnels qui subissent leurs peines dans les prisons départementales seront tenus de porter le vêtement de la maison, excepté ceux qui en seraient expressément dispensés par décision du préfet, sur l'avis de la commission de surveillance.

ART. 66.

Le vêtement de chaque prisonnier se composera :

1° D'un pantalon, d'un gilet et d'une veste d'étoffe de laine, fil ou coton, suivant la saison;

2° D'une chemise qui sera régulièrement changée tous les huit jours;
3° D'une paire de sabots.

ART. 67.

Le vêtement des femmes se composera d'une camisole à manches,
en laine ou en coton, suivant la saison; d'un jupon de même étoffe;
d'un jupon de dessous en tissu commun; d'un fichu pour le col, d'un
autre fichu pour la coiffure de jour; d'une paire de chaussettes ou de chaussons, d'un tablier pour le travail, de sabots, d'une cornette pour la nuit et
d'une chemise.

ART. 68.

L'administration pourra permettre aux condamnés, pour raison de santé,
l'emploi de vêtements supplémentaires qui ne changeront rien au costume
pénal.

ART. 69.

Les effets des condamnés entrants seront lavés, désinfectés, étiquetés et
mis en magasin pour leur être rendus à leur sortie. Des vêtements appartenant à la prison leur seront donnés immédiatement après que les mesures
de propreté auront été exécutées à leur égard.

Les effets des prévenus et des accusés seront, en cas de besoin, lavés et
désinfectés de la même manière. Des vêtements appartenant à la prison
leur seront également donnés s'il y a lieu.

§ 3. — *Coucher*.

ART. 70.

Le coucher des prisonniers se composera, pour chacun :

1° D'un hamac ou d'une couchette en bois ou en fer, de 70 centimètres
de largeur sur 1 mètre 95 cent. de longueur, pouvant, au besoin
s'enlever ou se relever pendant le jour;

2° D'une paillasse;

3° D'un traversin en paille;

4° D'un drap plié en deux, ou de deux draps cousus ensemble dans une longueur de 1 mètre 60 cent. et non cousus pour le reste; ces draps seront changés tous les mois;

5° D'une couverture en été et de deux couvertures en hiver.

La paille des paillasses et des traversins sera renouvelée aussi souvent qu'il sera jugé nécessaire par la commission de surveillance, et suivant ce qui sera déterminé par le règlement particulier de la maison.

ART. 71.

Les prévenus et les accusés spécialement autorisés par le préfet ou par le sous-préfet, sur l'avis de la commission de surveillance, pourront, dans les limites fixées par le règlement particulier de la maison, faire venir du dehors les effets de coucher dont ils désireront faire usage.

ART. 72.

Dans les prisons où il ne pourra y avoir de fournisseur chargé de la location des effets dits de *pistole*, le gardien pourra être autorisé à louer pour son propre compte, aux prévenus et aux accusés qui le demanderont, les meubles, linges et effets de literie à lui appartenant, moyennant une rétribution quotidienne, hebdomadaire ou mensuelle, fixée, pour chaque objet, dans un tarif arrêté par le préfet ou par le sous-préfet, sur l'avis de la commission de surveillance.

En tous cas, le gardien ne pourra accorder aux prévenus et aux accusés. comme chambres de *pistole*, que celles qui auront été spécialement affectées à cet usage par le préfet ou le sous-préfet, également sur l'avis de la commission.

ART. 73.

Les détenus pour dettes envers les particuliers peuvent faire apporter, dans la prison, des meubles et effets de coucher pour leur usage. Mais ils doivent préalablement adresser une demande à cet effet au préfet ou au sous-préfet, qui, sur l'avis de la commission de surveillance, détermineront les objets dont l'introduction sera permise.

Le prix de location des meubles et effets de coucher que le fournisseur ou le gardien pourra louer aux détenus pour dettes, sera réglé, pour chaque objet, ainsi qu'il est prescrit par l'article précédent.

ART. 74.

La location connue sous le nom de *pistole* est prohibée dans toutes les prisons pour peines.

§ 4. — *Infirmerie.* — *Coucher et nourriture des malades.*

ART. 75.

Il y aura dans chaque prison deux chambres ou salles d'infirmerie entièrement séparées, l'une pour les hommes, l'autre pour les femmes.

ART. 76.

S'il y a impossibilité absolue d'établir, dans la prison, des salles d'infirmerie, les prisonniers atteints de maladies graves seront traités dans une salle spéciale de l'hôpital du lieu où est située la prison, conformément à la loi du 4 vendémiaire an VI et au décret du 8 janvier 1810.

Le prix de journée du traitement sera arrêté d'avance entre la commission administrative de l'hospice et le préfet.

L'ordre de transfèrement à l'hôpital sera délivré par le maire, et d'après le consentement, savoir : du juge d'instruction, s'il s'agit d'un prévenu; du président des assises ou du président du tribunal civil, s'il s'agit d'un accusé, et du préfet ou du sous-préfet, s'il s'agit d'un condamné ou d'un détenu pour dettes.

ART. 77.

Le coucher des malades se compose d'une couchette, d'une paillasse, d'un matelas, d'un traversin, d'une paire de draps de lit et de deux couvertures.

La paille des paillasses sera renouvelée aussi souvent que le médecin le jugera nécessaire, mais régulièrement après chaque décès.

Le matelas sur lequel un détenu sera décédé sera rebattu, ainsi que le traversin.

Les toiles seront lavées ainsi que les couvertures.

ART. 78.

La nourriture des détenus soignés à l'infirmerie sera fournie, sur les prescriptions du médecin, conformément aux règles suivies dans l'hôpital du lieu.

ART. 79.

Les prisonniers uniquement affectés de maladies cutanées, telles que dartres, gale, teigne, ne recevront que la nourriture des détenus valides.

ART. 80.

En cas de maladie, si les frais de médicaments et de nourriture des détenus pour dettes excèdent le taux de la consignation, la différence sera payée surle fonds des dépenses ordinaires de la prison.

§ 5. — *Chauffage et éclairage.*

ART. 81.

Les moyens de chauffage et d'éclairage sont déterminés par le préfet, suivant les localités, sur la proposition du sous-préfet, l'avis du maire et celui de la commission de surveillance.

Les dortoirs communs seront éclairés toute la nuit.

§ 6. — *Dispositions diverses.*

ART. 82.

Les marchés généraux ou partiels pour toutes les fournitures de nourriture, vêtements, literie, blanchissage, raccommodage, chauffage, etc., seront passés dans les formes réglées par l'ordonnance royale du 4 décembre 1826, sur les marchés au compte de l'État.

Tout marché de gré à gré devra être autorisé par le ministre.

ART. 83.

Un tarif, arrêté tous les quinze jours par le maire, contiendra le prix du pain et autres aliments et objets dont la vente aux détenus aura été autorisée.

ART. 84.

Les détenus débiteurs de l'État par suite de condamnations pour crimes, délits ou contraventions, sont, aux termes du décret du 4 mars 1808 et de la loi du 17 avril 1832, soumis, pour ce qui concerne le régime alimentaire, à la règle commune de la maison.

CHAPITRE III.

DU TRAVAIL DES DÉTENUS.

ART. 85.

Des travaux seront organisés dans chaque prison, de manière à ne laisser aucun condamné oisif.

Un arrêté du préfet, pris sur l'avis du sous-préfet, du maire et de la commission de surveillance, déterminera le mode d'organisation et de comptabilité du travail.

ART. 86.

Tout condamné qui, sans excuse valable, refusera de travailler, sera mis au pain et à l'eau, sans préjudice des autres punitions, s'il y a lieu.

ART. 87.

Il sera disposé du produit du travail des condamnés de la manière déterminée par l'article 12 de l'ordonnance royale du 2 avril 1817 (1)

ART. 88.

Les prévenus et les accusés pourront être employés, sur leur demande, aux
travaux admis dans la prison. Dans ce cas, ils seront assujettis à la règle
commune prescrite pour l'organisation et la discipline du travail.

Le produit de leur travail leur appartiendra. Toutefois une portion de
ce produit pourra être mise en réserve, suivant la position du prévenu,
pour ne lui profiter qu'après jugement. Il sera statué à cet égard par le
préfet ou par le sous-préfet, sur la proposition de la commission de surveillance.

CHAPITRE IV.

RÉGIME DISCIPLINAIRE ET DE POLICE.

§ 1er. — *Règles communes aux diverses classes de détenus.*

ART. 89.

A défaut de maisons distinctes d'arrêt, de justice et de correction, les
préfets, les sous-préfets et les maires veilleront à ce que les prévenus,
les accusés et les condamnés renfermés dans la même maison y occupent
des locaux séparés.

Les prisonniers de passage seront placés dans des chambres séparées. En
aucun cas, ils ne pourront communiquer avec les autres détenus.

---

(1) Art. 12. « Le produit du travail sera divisé en trois parties : un tiers appartiendra
« à la maison (Code pénal, art. 41) ; un tiers sera remis au détenu; le dernier tiers lui
« appartiendra également, mais sera tenu en réserve pour lui être remis à sa sortie,
« à moins qu'il n'en soit autrement disposé à son profit, avec l'autorisation de notre mi
« nistre secrétaire d'état de l'intérieur. »

Les condamnés correctionnels ou criminels resteront, jusqu'à leur trans-
férement au bagne ou à la maison correctionnelle, dans la maison d'arrêt
ou de justice où ils étaient lors de leur condamnation. Ils y seront séparés
des prévenus et des accusés.

Dans chacune des catégories ci-dessus, les détenus des deux sexes seront
complètement et constamment séparés.

ART. 90.

Chaque détenu occupera un lit séparé. Il sera tenu de se déshabiller pour
se coucher.

ART. 91.

Les prisonniers d'une même catégorie pourront seuls se promener
ensemble dans le même préau et être réunis dans le même chauffoir ou
atelier, ou toute autre chambre qui en tiendra lieu.

ART. 92.

Sauf le cas d'autorisation spéciale accordée par le préfet ou par le sous-
préfet, les visiteurs ne pourront communiquer avec les prisonniers qu'au
parloir ou dans le local qui en tiendra lieu, et en présence des gardiens.

Les détenus de classes et de sexes différents ne pourront être admis en
même temps au parloir.

En aucun cas, les visiteurs ne pourront boire ni manger avec les prisonniers.

La durée des visites sera déterminée par le règlement particulier de la
prison, qui déterminera également si elles auront lieu tous les jours ou
seulement certains jours de la semaine.

ART. 93.

Toute communication avec les détenus est interdite aux repris de justice.
Il n'y a d'exception que pour les père, mère, femme, mari, frères, sœurs,
oncles, tantes, ou le tuteur du détenu.

ART. 94.

Il est expressément défendu d'exiger ou de recevoir quoi que ce soit d'aucun prisonnier entrant ou sortant, à titre de bienvenue, étrennes, droit de prévôt, ou à tout autre titre.

ART. 95.

Les détenus doivent obéir au directeur ou aux gardiens, en tout ce qu'ils leur prescrivent pour le maintien du bon ordre et l'exécution des règlements.

ART. 96.

Chaque prisonnier est obligé de faire son lit, et d'entretenir sa chambre ou la place qu'il occupe au dortoir dans un état constant de propreté.

Les dortoirs et corridors seront balayés et lavés par les prisonniers, à tour de rôle.

Les condamnés seront, en outre, obligés de faire, à tour de rôle, tout ce qui leur sera prescrit pour la propreté et la salubrité de la prison.

ART. 97.

Dans les maisons où il y aura des locaux susceptibles d'être affectés spécialement à la réunion des prisonniers pendant le jour, l'entrée des dortoirs leur sera interdite entre le lever et le coucher.

ART. 98.

Les jeux de toute sorte sont interdits.

ART. 99.

Aucun détenu ne pourra avoir de rasoirs à sa disposition, non plus qu'aucun autre instrument, sans une autorisation spéciale délivrée par le maire, sur l'avis de la commission de surveillance.

ART. 100.

Les chants et les cris sont défendus. Il en est de même de toute conversation à voix haute, de toute réunion bruyante et de toute demande ou pétition collective.

Le silence est obligatoire pendant les repas, le travail et dans les dortoirs.

ART. 101.

Toute infraction aux règles de la prison sera punie, suivant le cas, de l'une des peines disciplinaires suivantes :

La privation de la promenade, de l'école, de visites, de corrrespondance, de secours du dehors et de tout ou partie du produit du travail;

La mise au pain et à l'eau;

La mise au cachot;

La mise aux fers dans les cas prévus par l'article 614 du Code d'instruc tionc riminelle ;

Le tout sans préjudice de la réparation pécuniaire des dégâts et dommages causés, s'il y a lieu.

§ .2 — *Règles particulières aux prévenus et accusés.*

ART. 102.

Toutes les communications et autres facilités compatibles avec le bon ordre d'une prison seront accordées aux prévenus et aux accusés.

Comme ils doivent avoir le libre choix de leurs défenseurs, le tableau des avocats et des avoués de la localité demeurera affiché dans la maison d'arrêt et dans la maison de justice, ou dans les quartiers de la prison commune qui en tiendront lieu.

ART. 103.

Aucun prévenu ou accusé ne pourra avoir en sa possession au delà d'une somme de *cinq francs*. Le surplus devra être remis au gardien, qui en passera immédiatement écriture au compte du déposant.

§ 3. — *Règles particulières aux condamnés.*

ART. 104.

Les condamnés pourront recevoir des lettres et des secours du dehors, dans les limites du règlement de la maison.

Ils pourront, outre les aliments, recevoir du dehors tous autres objets autorisés, en se conformant aux prescriptions de l'article 62 du présent règlement.

ART. 105.

Ils pourront aussi, dans les mêmes limites, se procurer quelques adoucissements avec le produit de leur travail ou à l'aide des secours de leurs parents ou amis.

En tout cas, l'article 3 de l'arrêté du 10 mai 1839, qui interdit aux condamnés des maisons centrales d'avoir de l'argent sur eux, sera appliqué aux condamnés détenus dans les prisons départementales.

ART. 106.

Hors les cas d'autorisations spéciales accordées par les préfets et sous-préfets, les condamnés ne pourront recevoir de visites. Sont exceptés toutefois les père, mère, femme, mari, frères, sœurs, oncles, tantes et tuteur, pour lesquels l'autorisation écrite du maire suffira.

ART. 107.

Lors les cas prévus par le présent règlement, aucune dérogation quelconque ne pourra être apportée à l'uniformité de la règle à laquelle les condamnés doivent être généralement et indistinctement soumis.

§ 4. — *Règles particulières aux jeunes détenus.*

ART. 108.

Tout enfant âgé de moins de seize ans, arrêté et incarcéré, doit être entièrement séparé, le jour comme la nuit, de tous autres détenus adultes.

ART. 109.

Les enfants mentionnés dans les articles 66, 67 et 69 du Code pénal, qui ne sont détenus que pour un an et au-dessous ou qui, quoique détenus pour plus d'un an, n'auraient pas encore été transférés dans des maisons centrales d'éducation correctionnelle, seront enfermés dans des chambres ou quartiers séparés des maisons départementales d'arrêt, de justice ou de correction.

ART. 110.

Le placement en apprentissage des enfants jugés en vertu de l'article 66, et remis à la tutelle de l'administration départementale pour un an seulement, ne devra avoir lieu que lorsque l'enfant aura déjà été détenu pendant un certain temps.

Le préfet prendra, en tout cas, l'avis de la commission de surveillance.

ART. 111.

Les jeunes filles acquittées, mais retenues pour un an, en vertu de l'article 66 du Code pénal, pourront être placées par le préfet dans des maisons de refuge ou de charité autorisées à les recevoir.

§ 5. — *Règles particulières aux enfants détenus par voie de correction paternelle.*

ART. 112.

Les enfants détenus par voie de correction paternelle, conformément aux articles 375 et suivants du Code civil, seront renfermés dans des quartiers séparés des maisons d'arrêt, de justice ou de correction, où ils devront être soumis au régime cellulaire de jour et de nuit.

Les familles pourvoiront aux frais de nourriture et d'entretien de ces enfants, à moins que, pour cause d'indigence, le ministre n'en ait autorisé le payement sur le fonds des dépenses ordinaires de la prison, sur la proposition du préfet.

ART. 113.

Il ne sera fait aucune mention , sur les registres de la prison , des noms des enfants détenus par voie de correction paternelle , ni des motifs de leur incarcération. *(Art 378 du Code civil.)*

Il suffira au gardien, pour justifier au besoin de la légalité de la détention de l'enfant, d'exhiber à qui de droit l'ordre même d'arrestation délivré par le président du tribunal civil.

ART. 114.

A défaut de local spécial et convenable, les jeunes filles détenues par voie de correction paternelle pourront être renfermées dans des maisons de refuge et de charité autorisées à les recevoir.

§ 6. — *Règles particulières aux détenus pour dettes.*

ART. 115.

Dans les maisons qui ne leur sont pas exclusivement affectées, les détenus pour dettes occuperont des locaux séparés. Aucune communication ne leur sera permise avec les autres prisonniers.

ART. 116.

Le règlement particulier de chaque prison déterminera les autres règles disciplinaires auxquelles seront soumis les débiteurs envers les particuliers ou envers l'État.

CHAPITRE V.

RÉGIME MORAL ET RELIGIEUX.

AR 117.

Tous les condamnés catholiques assisteront à la messe , aux autres exercices de leur culte et à l'instruction religieuse.

Les jeunes détenus iront au catéchisme.

ART. 118.

Les détenus seront placés dans la chapelle, suivant les classifications voulues par l'article 89 du présent règlement.

ART. 119.

Les détenus qui appartiendront à un des autres cultes reconnus par l'État recevront les secours religieux du ministre de leur communion.

ART. 120.

Il sera établi dans chaque prison un dépôt de livres à l'usage des détenus. Le choix de ces livres sera approuvé par le préfet, sur l'avis du maire et celui de la commission de surveillance.

Aucun autre ouvrage ou imprimé quelconque ne pourra être introduit dans la prison, soit pour les condamnés, soit pour les prévenus, sans une autorisation spéciale du préfet.

ART. 121.

L'enseignement primaire élémentaire pourra être donné à ceux des détenus que la commission de surveillance jugera dignes et capables de profiter de cet enseignement.

ART. 122.

Chaque condamné aura un compte moral ouvert au moyen d'un bulletin individuel, sur lequel le directeur ou le gardien-chef, l'aumônier, l'instituteur et les membres de la commission de surveillance inscriront leurs observations et avis.

Ce bulletin sera tenu d'une manière uniforme dans toutes les prisons de France, et conformément au modèle donné par le ministre de l'intérieur.

CHAPITRE VI.

DISPOSITIONS GÉNÉRALES.

ART. 123.

Le maire ne pourra déléguer l'exercice de son autorité dans la prison qu'à un de ses adjoints.

ART. 124.

Indépendamment des visites que les commissions de surveillance devront faire, conformément au règlement de leur institution, et de celles que doivent faire les préfets et les maires, aux termes des articles 611 et 612 du Code d'instruction criminelle, les sous-préfets feront, au moins tous les mois, une visite spéciale dans les prisons du chef-lieu de leur arrondissement. Ils rendront compte de leurs observations au préfet.

ART. 125.

Les préfets et les sous-préfets s'assureront, lors de leurs tournées annuelles pour le recrutement, et autres tournées, de l'état des chambres de sûreté annexées aux casernes de gendarmerie, maisons de dépôt et de police municipale.

ART. 126.

Il sera fait un règlement spécial pour les prisons qui seront construites d'après le système de l'emprisonnement individuel.

ART. 127.

Des hommes appartenant à une corporation religieuse ne pourront être introduits dans les prisons départementales pour y exercer des fonctions quelconques sans une autorisation préalable du ministre.

RÉPUBLIQUE FRANÇAISE

Ministère de l'Intérieur. — Direction de l'Administration pénitentiaire.

NOTE

SUR

L'ORGANISATION DU TRAVAIL

dans les

ÉTABLISSEMENTS PÉNITENTIAIRES

Et sur les questions qu'elle peut soulever spécialement en ce qui concerne la concurrence à l'industrie libre.

1885

IMPRIMERIE

TYPOGRAPHIQUE ET LITHOGRAPHIQUE ADMINISTRATIVE

A MELUN.

NOTE SUR L'ORGANISATION DU TRAVAIL

DANS LES

ÉTABLISSEMENTS PÉNITENTIAIRES

RÉPUBLIQUE FRANÇAISE

Ministère de l'Intérieur. — Direction de l'Administration pénitentiaire.

NOTE

SUR

L'ORGANISATION DU TRAVAIL

dans les

ÉTABLISSEMENTS PÉNITENTIAIRES

Et sur les questions qu'elle peut soulever
spécialement en ce qui concerne la concurrence
à l'industrie libre.

1885

IMPRIMERIE

TYPOGRAPHIQUE ET LITHOGRAPHIQUE ADMINISTRATIVE

A MELUN.

NOTE

SUR

L'ORGANISATION DU TRAVAIL

dans les

ÉTABLISSEMENTS PÉNITENTIAIRES EN FRANCE

Aux époques et dans les pays où l'esclavage a existé, la question du travail des condamnés ne pouvait que se simplifier. Le condamné, dans les sociétés anciennes, cessait d'être homme libre. Il tombait au rang des esclaves. Il était *serf de la peine*. On l'employait aux travaux les plus durs, dans les mines ou les carrières, par exemple. C'est le système de la *servitude pénale*, et l'idée, comme le mot, se retrouve encore dans la législation anglaise.

En France, sous l'ancien régime, la conception du travail pénal était analogue. Les condamnés, envoyés aux galères, étaient astreints à œuvre servile. Les chiourmes étaient un troupeau d'esclaves dont la force musculaire servait, sous la menace et l'impulsion du fouet, à la besogne qu'accomplissent maintenant les machines.

Les prisons proprement dites étaient non pas des établissements destinés à l'exécution d'une peine, mais des lieux de dépôt où des prévenus et accusés attendant leur jugement, des condamnés attendant leur supplice, pouvaient se trouver confondus avec des mendiants, des vagabonds, des individus arrêtés par mesure administrative. Ainsi faisaient défaut les conditions régulières et même la possibilité matérielle d'organisation du travail.

C'est l'Assemblée constituante qui, pour la première fois en France, a essayé d'inaugurer un système rationnel d'exécution des peines, système imparfait, sans doute, mais plus logique, plus humain que tout ce qui avait été pratiqué jusque-là. C'est elle qui a imposé l'obligation du travail aux condamnés correctionnels par le décret des 19-22 juillet 1792, et aux condamnés pour crimes, par le décret des 23 septembre-6 octobre de la même année. Une corrélation nécessaire existe, en effet, entre l'organisation du travail et la gradation des pénalités, qui répond elle-même à la gravité de l'acte puni, à la perversité présumée du coupable, à l'expiation jugée nécessaire.

Les idées générales dont s'est inspirée l'Assemblée constituante dominent encore notre système pénal. Des innovations considérables ont été successivement apportées à la législation sur des points particuliers. Mais la gradation des pénalités est restée la même, et l'obligation du travail, variant dans son mode d'application suivant ces pénalités, est encore le principe du régime pénitentiaire.

Au plus bas degré de l'échelle sont placés les condamnés aux travaux forcés, soit à perpétuité, soit à temps. « Ils seront, dit l'article 15 du code pénal, employés aux travaux les plus pénibles ; ils traîneront à leurs pieds un boulet, ou seront attachés deux à deux avec une chaîne, lorsque la nature du travail auquel ils seront employés le permettra. »

La peine des travaux forcés n'est plus maintenant aussi sévère. Elle est subie, non plus dans les bagnes, mais hors de la métropole, dans des colonies déterminées. Les forçats n'ont plus à traîner le boulet. En les détachant de la chaîne qui les accouplait, on leur a rendu en quelque sorte la personnalité individuelle. On leur laisse l'espoir, pour le temps qui suivra leur libération, d'une vie indépendante et de moyens suffisants de subsistance. Ainsi s'explique que pour nombre de coupables la perspective de la transportation soit moins effrayante que celle de la réclusion.

Cependant, les travaux forcés conservent le caractère d'œuvre servile. Les forçats sont employés à des ouvrages d'utilité publique ; ils sont astreints, sans profit pour eux, à une tâche purement matérielle qu'ils n'ont pas choisie, et pour laquelle on ne consulte pas leurs préférences ; ils n'ont droit, en principe, à aucune rémunération.

Au degré immédiatement supérieur viennent les condamnés à la réclusion.

«Tout individu de l'un ou l'autre sexe condamné à la peine de la réclusion sera, dit l'article 21 du code pénal, enfermé dans une maison de force et employé à des travaux dont le produit *pourra* être en partie employé à son profit, ainsi qu'il sera réglé par le Gouvernement.»

La loi ne détermine pas quelle sera la nature des travaux, elle n'exige pas qu'ils soient pénibles. Elle admet que les règlements administratifs puissent faire bénéficier le condamné d'une part du produit de son travail. Mais le détenu n'a pas le choix de son genre de main-d'œuvre. La portion de salaire qui lui est laissée, il la tient non de la loi, mais de dispositions qui peuvent toujours être modifiées. Ce n'est plus le travail servile ; ce n'est rien encore qui ressemble au travail libre, et comment s'en étonner ?

D'une part, les réclusionnaires sont destinés à rentrer dans la société à l'expiration de leur peine. Il convient donc, dans l'intérêt de la société comme dans le leur, que leur vie et leur labeur ne soient pas asservis à la peine. D'autre part, ils sont condamnés pour crimes à une peine infamante ; ils ne doivent donc pas être assimilés à des travailleurs honnêtes, maîtres de leur main-d'œuvre.

Un degré plus haut nous amène à la situation des détenus correctionnels, des individus condamnés à l'emprisonnement.

La peine n'est plus infamante, dans le sens légal du mot. Il ne s'agit plus de crimes, mais de délits. Une nouvelle différence apparaît dans le mode d'exécution de l'obligation du travail.

Aux termes des articles 40 et 41 du code pénal : « quiconque aura été condamné à la peine d'emprisonnement sera renfermé dans une maison de correction : il y sera employé à l'un des travaux établis dans cette maison, *selon son choix*. Les produits du travail de chaque détenu pour délit correctionnel seront appliqués : partie aux dépenses communes de la maison, partie à lui procurer quelques adoucissements, s'il les mérite ; partie à former pour lui, au temps de sa sortie, un fonds de réserve ; le tout ainsi qu'il sera ordonné par des règlements d'administration publique.»

Voilà donc le détenu correctionnel admis à choisir, dans certaines limites, son genre de travail. Il a droit à une part du produit de ce travail. Ce droit, il le tient de la loi, et les règlements administratifs ne doivent pas l'en priver. Il pourra continuer, dans la prison, son métier habituel ou, si ce métier n'est pas exercé dans l'établissement pénitentiaire, il sera employé à une industrie s'en rapprochant le plus possible. Car on veut lui conserver ses aptitudes et ses habitudes professionnelles. La véritable restriction à la liberté qui subsiste pour lui au point de vue du travail consiste précisément dans l'obligation de ne pas rester oisif.

Quant à la portion de son salaire retenue «pour les dépenses communes de la maison,» elle constitue, non pas une confiscation des produits du travail, mais une compensation des charges publiques qu'occasionne la détention et des dépenses qu'il aurait lui-même à faire, s'il était libre, pour subvenir à ses besoins.

Aux trois catégories de condamnés qui viennent d'être énumérées, correspondent trois catégories d'établissements pénitentiaires.

La peine des travaux forcés est subie dans les établissements d'outre-mer, dont la création a été décidée pour remplacer les bagnes.

La réclusion s'accomplit dans les maisons centrales de force.

Les condamnés correctionnels dont l'emprisonnement doit dépasser la durée d'un an sont envoyés dans les maisons centrales de correction. Pour une durée égale ou inférieure à un an d'emprisonnement, les condamnés sont placés dans les prisons de courtes peines, dites prisons départementales.

De ces trois catégories d'établissements, les maisons centrales ont seules donné lieu à des réclamations de la part de l'industrie libre. Elle n'avait pas à redouter la concurrence des bagnes, à cause de la nature des travaux qui s'y exécutaient. A plus forte raison, ne peut-elle s'inquiéter de ce que produisent aujourd'hui les forçats transportés en Nouvelle-Calédonie et en Guyane.

D'autre part, dans les prisons dites départementales ou de courtes peines, la population se renouvelle trop fréquemment et, sauf en quelques villes, est trop peu nombreuse, pour qu'on puisse faire fonctionner de véritables ateliers. Les produits qui sortent de ces maisons ont trop peu d'importance, soit par leur qualité, soit par leur quantité, pour faire tort aux industriels et ouvriers libres. De fait, aucun embarras ne provient de là.

On est donc amené à restreindre ici l'examen à l'organisation du travail dans les maisons centrales; car les établissements de longues peines connus sous le nom de pénitenciers agricoles et situés en Corse et en Algérie ne sauraient provoquer aucune plainte.

Les maisons centrales sont au nombre de 19, et comme cinq sont destinées aux femmes, comme nulle difficulté ne s'est produite encore en ce qui les concerne, on peut dire que la question du travail est limitée tout d'abord au fonctionnement d'une quinzaine d'établissements, répartis en diverses régions de la France, savoir : à Melun (Seine-et-Marne), Poissy (Seine-et-Oise), Gaillon (Eure), Beaulieu (Calvados), Fontevrault (Maine-et-Loire), Thouars (Deux Sèvres), Landerneau (Finistère), Loos (Nord), Clairvaux (Aube), Albertville (Savoie), Embrun (Hautes-Alpes), Nîmes (Gard), Riom (Puy-de-Dôme), Eysses (Lot-et-Garonne).

Qu'on ait parfois demandé l'entière suppression des travaux industriels dans les maisons centrales, c'est ce qui peut être imaginé sans peine.

Mais la législation pénale impose à l'Administration l'obligation impérieuse de donner aux détenus une occupation répondant, autant que possible, à leurs aptitudes. Ni les prescriptions du Code, ni l'intérêt et le sentiment publics ne s'accommoderaient du régime de l'oisiveté pour les détenus, ou de leur soumission forcée à une besogne machinale, humiliante, improductive, telle que celle du *tread-mill*.

De quel droit détruirait-on cette gradation exposée plus haut, qui va, dans l'échelle des peines, du travail purement servile jusqu'à la limite la plus proche du travail libre ? Comment méconnaître ce fait que les détenus des maisons centrales, ayant à subir des peines temporaires, doivent rentrer un jour dans la société, et qu'il serait à la fois inhumain pour eux, imprudent pour elle, de les rendre à la liberté sans autres ressources que le crime, ne leur ayant pas enseigné un métier, s'ils n'en avaient pas, ou leur ayant fait oublier le leur, s'ils en avaient un avant leur condamnation ?

Si l'on écarte la solution extrême qui compliquerait tout d'autant plus qu'elle paraît plus simple, si l'on constate, comme un fait incontestable, la nécessité de véritables travaux à organiser dans les maisons centrales, reste à envisager ce que doit être cette organisation, pour qu'il soit tenu compte équitablement de l'intérêt des détenus, de l'intérêt du Trésor et de l'intérêt des industries libres.

Pour l'avantage des détenus, on souhaitera des salaires, des tarifs assez rémunérateurs pour que la part revenant à chacun sur le produit de son travail lui permette de se procurer des adoucissements pendant sa détention et lui constitue une réserve, à l'époque de sa libération. D'ailleurs, ce que dépensent les détenus pour améliorer leur régime atténue dans une certaine mesure les charges que doit supporter l'État pour leur entretien.

Mais il faut se prémunir contre les inconvénients et les dangers d'une hausse exagérée des salaires. Si des tarifs s'élèvent de manière à compromettre les affaires des fabricants et entrepreneurs pénitentiaires, on voit apparaître les chômages, qui sont si préjudiciables à tous égards et s'éloigner les industriels ; les marchés deviennent difficiles et onéreux à contracter. L'État en souffre et les détenus aussi. Car il importe pour eux, que les industries exercées soient aussi nombreuses et aussi variées que possible. Par là s'accroissent leurs chances de trouver des occupations répondant à leurs aptitudes et de s'assurer l'exercice du métier qui les faisait vivre avant leur condamnation, qui les fera vivre après leur libération.

En ce qui concerne les droits et intérêts de l'industrie libre, une remarque est tout d'abord indispensable.

Les personnes qui déclarent avoir à se plaindre de la concurrence du travail des prisons raisonnent volontiers comme si le fait de la condamnation et de l'emprisonnement créait, dans la société, une nouvelle force de production, au détriment d'autres qui se trouveraient indûment frappées et dépossédées par cette intrusion. Il n'en est pas ainsi: les hommes que la justice a frappés n'étaient pas tous des mendiants et des vagabonds. Au reste , ces derniers ne font guère besogne sérieuse en prison, il faut l'avouer. Les condamnés appartenaient d'ordinaire, avant leur incarcération, à quelque catégorie de métiers ou professions. A moins d'être incarcérés de nouveau, il faudra bien qu'ils rentrent de même, après leur libération, en quelque catégorie de travail. L'interdiction du travail dans les prisons n'aurait donc pas pour effet d'empêcher une concurrence nouvelle de naître, mais bien de supprimer une concurrence quelconque existante, et l'on peut ajouter une concurrence inévitable, inattaquable, celle que tout homme libre peut faire aux autres par cela seul qu'il travaille et qu'il produit. Cette suppression violerait, dans la personne du condamné, un droit que la loi n'enlève pas au détenu, le droit de travailler pour subvenir à ses besoins ; c'est sur ce droit que repose la personnalité même ; il constitue la première et la plus légitime des propriétés et la source de toutes les autres.

Il résulte de l'emprisonnement un déplacement, une transformation, non une création véritable de travail. Comme on ne peut procurer partout à tous les détenus l'exercice de toutes les professions, on les détourne de certains métiers qu'ils exerçaient pour les appliquer à d'autres s'en rapprochant le plus possible. Un charpentier fera, par exemple, de la menuiserie; un jardinier, de la vannerie; un mécanicien, des meubles en fer; un tailleur, du tissage.

Ce déplacement du travail ne pourrait-il, si l'on n'y veillait, avoir des conséquences fâcheuses? — Oui, sans doute. Que l'on suppose, en poussant les hypothèses à l'extrême, que l'État jette la main-d'œuvre de tous les détenus des maisons centrales sur telles industries; il troublerait profondément et de manière injustifiable les conditions normales de production, surtout si ces industries n'occupent pas dans la vie libre un nombre considérable d'ouvriers. On s'est toujours préoccupé de périls semblables, et la précaution la plus sûre a paru consister dans la mise en pratique du plus grand nombre possible d'industries variées. Telle était aussi la conclusion ressortant, on l'a vu, des constatations faites sur l'intérêt des détenus et sur les chances de leur retour au bien. Il ne faudrait donc pas considérer certains intérêts comme nécessairement contraires parce qu'ils sont différents.

Un autre malentendu est à dissiper dans l'esprit de ceux qui protestent contre toute concurrence provenant du travail des prisons.

La concurrence ne peut apparemment disparaître du régime économique moderne. Nul industriel ne peut interdire à d'autres l'exercice de son industrie. On n'a pas à demander l'appui de l'État pour écraser un concurrent. On peut demander que le concurrent n'ait pas lui-même un appui qui rendrait la lutte impossible. Rien de plus naturel que de réclamer contre le travail des prisons si les fabricants qui emploient les détenus bénéficient de conditions rendant la concurrence impraticable et créant une sorte de monopole ou de privilège. Que l'on ne protège pas arbitrairement les industriels qui usent de la main-d'œuvre pénitentiaire, rien de plus équitable; mais pourquoi protégerait-on leurs concurrents, en imposant des conditions de production dans les prisons qui compromettraient les entreprises de travaux et l'exercice de métiers nécessaires aux détenus?

De toute façon, cette cause de concurrence ne peut disparaître. Il faut du travail aux prisonniers. Si l'on forçait les entrepreneurs des maisons centrales à payer des prix de main-d'œuvre trop élevés, ils n'en continueraient pas moins à fabriquer, puisqu'ils y sont obligés par leurs marchés, et à vendre leurs produits, puisqu'ils ne peuvent encombrer leurs magasins d'un stock de marchandises. Mais que se produirait-il? Ils fabriqueraient à perte, et ils vendraient au-dessous du prix de revient. Ensuite, comme personne ne soumissionne une entreprise avec l'intention de s'y ruiner, ils tiendraient compte de ces pertes prévues sur le travail en présentant leurs soumissions lors des adjudications nouvelles. Le prix que l'État leur paye par journée de détention pour l'entretien des détenus s'élèverait sensiblement. On arriverait ainsi à ce singulier résultat de rembourser indirectement aux entrepreneurs les salaires trop élevés qu'on les contraindrait de payer aux détenus. L'avantage serait nul pour l'industrie du dehors; mais combien la charge serait lourde pour les contribuables!

On manquerait le but en le dépassant, si l'on mettait les entrepreneurs et les fabricants qui font travailler dans les maisons centrales, en état d'infériorité à l'égard des autres industriels. Ce qui est équitable, c'est de veiller à ce que l'ensemble des conditions dans lesquelles ils produisent, sous le contrôle de l'État, ne leur crée pas une situation privilégiée.

Nombre d'entre eux ont, en même temps que leurs ateliers pénitentiaires, des ateliers libres fonctionnant et prospérant au dehors, ce qui prouve que les deux modes de travail ne sont pas inconciliables, et que la main-d'œuvre des ouvriers ne peut être aisément supplantée par celle des détenus. Tel patron qui occupe beaucoup de travailleurs en ville cherche à se retirer de la maison centrale, alléguant et prouvant qu'il subit des pertes et qu'il ne peut vendre au prix de revient les produits fabriqués dans l'établissement.

Tel autre a cessé récemment, pour la même raison, son entreprise pénitentiaire ; son prédécesseur s'était complètement ruiné dans l'atelier de la maison centrale. Et cependant, ces industries sont précisément de celles que l'on prétendait enrichies au détriment du travail libre.

Bien mieux, la fabrication pénitentiaire provoque souvent la création, le développement d'industries dans les localités voisines de l'établissement. Certain entrepreneur ayant par exemple à faire confectionner des chaussures dans une prison, a organisé, aux environs, des ateliers de cordonnerie qui ont pris une grande extension. Et l'on doit penser que les prix de main-d'œuvre débattus avec les ouvriers sont plus avantageux pour lui que les tarifs appliqués dans la maison centrale, puisqu'il cherche à restreindre le nombre des détenus occupés à la confection de la chaussure.

On citerait un atelier pénitentiaire de corseterie, près d'une grande ville, ayant assuré occupation et salaires suffisants à la population du voisinage. Ajoutons que dans les deux derniers cas, — et le fait n'est pas rare, les produits de la prison sont destinés à l'exportation. Loin de nuire aux ouvriers du pays, la main-d'œuvre détenue leur sert ici d'auxiliaire et peut porter le bien-être dans leurs familles.

On ne prétend pas conclure que les réclamations ne sont jamais fondées.

Il peut advenir que sur tel point les détenus soient appliqués en trop grand nombre à une fabrication déterminée, ou fabriquent d'après des tarifs insuffisants. C'est aux concurrents qu'il appartient de formuler alors leurs griefs et de mettre l'administration en mesure d'intervenir ; car elle n'a garde de négliger l'examen des inconvénients signalés. Il est vrai que souvent, allant au fond des choses, on est amené à reconnaître que le mal dont les intéressés se plaignent n'a pas pour origine véritable la concurrence des prisons. On découvrira par exemple que la cause de dépréciation du travail libre, en tel lieu, consiste dans la production d'établissements d'autre genre, qui ne sont soumis à aucun contrôle, congrégations ou associations particulières, ouvroirs, refuges, orphelinats, asiles, etc. On constatera plus fréquemment encore que le mal est imputable soit à l'importation étrangère, soit à la transformation des outillages, au changement d'habitudes, de goûts ou de besoins du public, aux phases et crises diverses dont les industries peuvent souffrir, comme les finances, comme le commerce et l'agriculture.

Tout récemment, la fabrication des bâtons de chaises dans une maison centrale avait donné lieu aux plaintes les plus vives. On supposait que l'entrepreneur, produisant à trop bas prix, réduisait à la misère les ouvriers chaisiers de plusieurs départements. Les plaintes avaient eu retentissement jusqu'à la tribune de la chambre des députés. Et cependant, l'entrepreneur voyait ses produits s'accumuler dans ses magasins ; il en vint à ne pouvoir vendre qu'au-dessous du prix de revient. Il avait réduit à 9 le nombre des détenus occupés à cette besogne. Il se résignait à payer des amendes pour chômage plutôt que de faire travailler. Il sollicitait comme une faveur l'autorisation de fermer cet atelier. Et les réclamations persistaient malgré tout, de la part des ouvriers libres, qui souffraient sans discerner les causes véritables de leur souffrance, et qui ne pouvaient s'empêcher d'en accuser l'administration et son établissement.

Avant que l'exercice d'une industrie soit autorisé dans une maison centrale, une enquête est ouverte pour fixer équitablement les prix de main-d'œuvre. Mêmes précautions sont prises chaque fois que des tarifs existants sont signalés à l'administration comme n'étant pas ou n'étant plus en rapport avec les prix de l'industrie libre.

Les formes de cette enquête et son objet précis sont déterminés par l'arrêté du 15 avril 1882.

D'après les règlements antérieurs et notamment d'après l'arrêté du 20 avril 1844, les prix payés dans les prisons devaient être égaux pour des produits similaires aux prix payés au dehors, sauf déduction d'un rabais fixe de 20 pour 100, représentant les charges supplémentaires qu'ont à supporter les fabricants des maisons centrales. Il est indispensable, en effet, de tenir compte des pertes résultant de l'inexpérience, de l'inhabileté, du mauvais vouloir des détenus. En outre, la somme de travail fournie par tel nombre de détenus est notablement inférieure à celle que l'on obtiendrait d'un nombre égal d'ouvriers libres. L'intérêt du capital représenté par l'outillage et par les matières premières, les frais de chauffage et d'éclairage, les dépenses d'entretien des locaux servant d'ateliers, restent les mêmes. La proportion des frais généraux à la valeur des produits fabriqués est donc beaucoup plus forte dans l'industrie pénitentiaire qu'elle ne l'est dans l'industrie libre. Le fabricant qui opère dans une maison centrale doit pourvoir, comme il ferait au dehors, à la rétribution du personnel dirigeant les ateliers. Mais il doit, en outre, rétribuer des agents, soit libres, soit détenus, pour tenir la comptabilité minutieuse et exercer le contrôle qu'exigent les règlements. Il est d'ailleurs forcé de procurer constamment du travail aux détenus, quelles que soient les conditions du marché, dût-il fabriquer à perte, n'eût-il pas même la possibilité d'écouler ses produits. S'il se dérobe à ses obligations, il est réduit à payer au Trésor des indemnités de chômage; il est exposé à des mesures pénibles et onéreuses.

Pour permettre de résoudre, par la fixation des tarifs de main-d'œuvre, des difficultés aussi complexes, on a jugé que la méthode du rabais uniforme de 20 pour 100 n'était pas sans inconvénients. Payer sans distinction tous les détenus travaillant 20 pour 100 de moins que les travailleurs libres des industries similaires, c'est tantôt payer trop et tantôt donner trop peu. C'est dans cette pensée qu'on a voulu rendre plus de mobilité au taux même du rabais.

L'arrêté du 15 avril 1882 s'est proposé de prendre pour base de fixation des tarifs la constatation directe des faits et l'appréciation des circonstances variables, selon les industries. Déterminer, d'une part, le prix de main-d'œuvre, le rendement et les frais généraux dans l'industrie libre; d'autre part, le rendement et les frais généraux dans l'industrie pénitentiaire, déduire de là le prix de main-d'œuvre à payer dans la prison, telle est l'idée. Il convient d'ajouter que les chambres syndicales de patrons et d'ouvriers sont associées à l'enquête sur les conditions du travail libre, pour laquelle on ne s'adressait précédemment qu'aux chambres de commerce et aux chambres consultatives des arts et manufactures.

On peut résumer de la manière suivante la procédure instituée pour la préparation des tarifs.

Tout d'abord l'entrepreneur ou le fabricant présente des propositions indiquant, pour chacun des articles qu'il produit, les prix de main-d'œuvre payés par l'industrie libre ; car ces prix serviront à calculer ceux qui s'appliqueront dans la maison centrale. Il y joint l'évaluation faite, d'après ses propres renseignements, de la production d'un atelier libre contenant un nombre déterminé d'ouvriers et des frais généraux afférents à cet atelier.

Ces propositions sont communiquées à une chambre de commerce ou à une chambre syndicale, qui contrôle et rectifie les chiffres ainsi présentés. Par là sont déterminés, sinon avec une certitude absolue, du moins avec les garanties possibles d'exactitude et de compétence, les salaires de l'industrie libre et la proportion des frais généraux au montant de la main-d'œuvre.

Le fabricant soumet ensuite à l'Administration un tableau indiquant le montant de la production de l'atelier de la maison centrale et le total de ses frais généraux. Les chiffres présentés par lui sont contrôlés et rectifiés par l'inspecteur et le directeur de l'établissement. On obtient ainsi la proportion des frais généraux au montant de la main-d'œuvre dans l'atelier de la maison centrale.

La différence entre cette proportion et celle qui se réfère à l'industrie libre indique le rabais dont il faut diminuer les prix de main-d'œuvre de cette dernière, pour les appliquer à l'industrie pénitentiaire, en sorte que les fabricants des maisons centrales ne soient ni privilégiés ni lésés, et se trouvent placés dans des conditions relativement équivalentes à celles de leurs concurrents du dehors.

Nul élément d'exacte information et appréciation n'est donc écarté.

L'Administration a les moyens de connaître le rendement et les frais généraux de l'atelier de la maison centrale. Les chambres de commerce et les chambres syndicales doivent pouvoir recueillir et donner des indications nettes sur les prix de main-d'œuvre, le rendement et les frais généraux de l'industrie libre. On doit donc tendre à placer le fabricant qui fait travailler les détenus dans des conditions analogues à celles où il se trouverait s'il installait un atelier libre dans la même localité hors de l'enceinte de la prison.

Mais dans l'application surgissent souvent de graves difficultés qui ne sont pas imputables, d'ailleurs à l'Administration.

Les industriels auxquels on s'adresse ne saisissent pas toujours le caractère et l'objet général de l'enquête, l'intérêt qu'ils ont à fournir des renseignements, des documents complets et certains. Beaucoup hésitent ou se refusent à laisser connaître ce qu'ils considèrent comme le secret de leur profession, les conditions de leur succès ou les côtés faibles de leur situation. Ils se bornent donc souvent à se plaindre, de façon générale et vague, de la concurrence des prisons, en alléguant que les salaires y sont moins élevés qu'au dehors.

Cette assertion est généralement vraie, mais la comparaison des salaires ne suffit pas à poser le problème et moins encore à le résoudre. Pour comparer utilement deux valeurs, encore faut-il qu'elles soient de même nature ou ramenées à quelque similitude. Or, entre le travail libre et le travail pénitentiaire, combien de différences !

L'entrepreneur, le fabricant et ses représentants sont soumis dans la prison, par les nécessités d'ordre et de discipline, à des règles minutieuses, rigoureuses et gênantes. Il faut un plus grand nombre de contre-maîtres, parce que les détenus à l'ouvrage sont plus difficiles à diriger, à surveiller, à contenir. Il faut payer les agents plus cher; car il est plus pénible apparemment, plus dangereux aussi, de passer sa journée au milieu de meurtriers ou de malfaiteurs que dans une usine. Il faut enfin fournir la besogne fixée, en tout temps, quelles que soient la situation commerciale et les difficultés d'approvisionnement des matières, d'écoulement des produits.

Le détenu ne ressemble nullement à l'ouvrier libre. Il conserve dans la prison la négligence et l'insouciance, la paresse et l'incapacité, le mauvais vouloir et les vices qui d'ordinaire l'y ont amené. Il est occupé la plupart du temps à un métier qui n'était pas le sien et qu'il fait moins bien, moins vite, avec répugnance peut-être, quelquefois avec une sorte de plaisir à mal faire.

Le produit aussi diffère ; il est moins soigné, moins fini ; il porte presque toujours la trace de l'inexpérience ou de l'incurie du condamné. Il ne saurait prendre dans la consommation la place des produits attentivement façonnés de l'industrie française. Il semble destiné soit à être exporté, soit à lutter, en France même, contre l'importation étrangère.

Toutes ces dissemblances doivent être envisagées quand on compare les conditions du travail au dedans et au dehors des établissements pénitentiaires.

Aussi l'administration ne cesse-t-elle d'insister auprès des chambres de commerce et des chambres syndicales, de toutes associations et de toutes personnes compétentes, pour obtenir des renseignements que ses fonctionnaires et agents auraient mauvaise grâce à ne chercher que par eux-mêmes. Elle ne prétend pas supprimer la concurrence, mais bien la maintenir dans les limites du droit, de l'équité et de la loyauté.

Cette concurrence, d'ailleurs, examinée non plus sur un point spécial, exceptionnel, mais pour l'ensemble de la production française, n'a pas l'importance qu'on serait tenté de lui attribuer. Qu'on n'oublie pas que les maisons centrales d'hommes, les seules en cause, — puisque aucune réclamation n'a été élevée contre les maisons de femmes, — sont au nombre de 14, réparties sur tout le territoire de la France. Leur population totale est de 11 744 détenus, sur lesquels 8 481 seulement sont occupés à des travaux industriels. Le nombre des industries exercées est de 47.

La somme de production de ces 8 481 détenus est d'un tiers au moins inférieure à celle d'un même nombre d'ouvriers libres. Est-ce là une quantité considérable au regard de la production entière de toutes nos industries ou même seulement des industries répondant aux 47 qui s'exercent dans les maisons centrales?

On ne peut donc déclarer de manière absolue, qu'il existe une question générale du travail dans les prisons. Les difficultés peuvent se présenter en tels travaux, sans doute, et elles ne doivent jamais être négligées. Il peut advenir que certaine industrie occupe, ici ou là un trop grand nombre de détenus, ou se trouve à quelque moment insuffisamment tarifiée.

Aussi l'administration est-elle toujours prête à remettre les tarifs à l'étude et à l'enquête. Elle ne demande qu'à recevoir des intéressés connaissance des faits dommageables qui comportent son intervention et des inconvénients, des griefs auxquels elle doit parer. Elle demande seulement que les questions et les affaires diverses lui soient présentées avec précision en chaque cas. Elle s'estime heureuse toutes les fois qu'elle est mise en mesure de supprimer quelque inconvénient et, s'il se peut, de réaliser quelque progrès.

Vu :

Le Conseiller d'État,
Directeur de l'Administration pénitentiaire,

L. HERBETTE.